Karolin Küntzel

Materialien und Kopiervorlagen
zur Klassenlektüre

Karolin Küntzel

Die verschwundene Beute

Mit spannenden Experimenten
rund ums Wasser

Hase und Igel®

Inhalt

Bildnachweis: © Deutsche Bundesbank: S. 20

www.hase-und-igel.de
Lektorat: Monika Burger, Eva Christian
Illustrationen: Irmtraud Guhe
Satz: Arnold & Domnick GbR, Leipzig
Druck: Joh. Walch GmbH & Co. KG, Augsburg

ISBN 978-3-86316-273-3

Das Buch

Die Lektüre „Die Einstein-Detektive: Die verschwundene Beute" ist eine spannende Detektivgeschichte, die ein besonderes Extra für den Einsatz in der Schule bietet: Das Buch dreht sich nicht nur um die Suche nach einem verschwundenen Gegenstand. Es regt die jungen Leser auch zum Miträtseln und Mitmachen an. Die Einstein-Detektive Cosmo und Sara versuchen gemeinsam mit ihrer Freundin Valentina die im Bach verschwundene Beute zu finden und setzen dazu bei ihren Ermittlungen verschiedene Experimente ein. Am Ende jedes Kapitels führen die Schülerinnen und Schüler diese Versuche selbst durch und helfen so bei der Lösung des verzwickten Falls.

Sara und Cosmo sind auf Klassenfahrt im Schullandheim. Am ersten Abend gehen sie mit ihrer Freundin Valentina zum Sternegucken in den nächtlichen Garten. Da bemerken sie, wie eine Gestalt sich nähert. Die Person erschrickt, als die Kinder sie ansprechen, wirft etwas in den Bach und läuft zum Haus zurück. Die Kinder können den Gegenstand jedoch im Bach nicht finden. Die Einstein-Detektive haben einen neuen Fall!

Gemeinsam mit Valentina wollen sie herausfinden, wer die Person am Bach war und was sie hineingeworfen hat. Mithilfe verschiedener Experimente versuchen sie, auf die Spur des verschwundenen Gegenstands zu kommen. Sie befragen außerdem ihre Mitschüler, ob irgendjemand etwas vermisst. Doch Pauls Zweieuromünze, Murats Käppi und Nikos Brausepulver erweisen sich als Sackgassen. Mit Versuchen zum Schwimmen und Sinken, zur Fließgeschwindigkeit und zur Löslichkeit in Wasser scheiden diese Dinge aus. Aber Theo vermisst seine Brotdose, die Cosmo bei einer erneuten Suche am Bach schließlich kopfüber im Wasser liegend findet. Die Detektive geben Theo die Dose zurück. Da gesteht ihr Mitschüler Magnus überraschend, dass er die Dose genommen hat, weil er wissen wollte, was Theo darin versteckt. So können die Einstein-Detektive den Fall lösen.

Das Buch ist aufgrund seines Gesamtumfangs, der Kapitellänge, Sprache und Schriftgröße für Schüler der dritten und vierten Jahrgangsstufe geeignet. Als Lektüre findet es seinen Einsatzort im Deutschunterricht, kann aber wegen der enthaltenen Experimente auch fächerübergreifend im Sachunterricht genutzt werden.

Die lehrplanrelevanten Versuche drehen sich um den Themenbereich „Eigenschaften und Wirkungen von Wasser". Auch wenn einige Forscheraufgaben im Klassenzimmer durchführbar sind, sollten zumindest die Aktivitäten mit der Unterwasserlupe und zur Fließgeschwindigkeit an einem Bach stattfinden. Außerschulische Lernorte erhöhen den Lerneffekt und bereiten den Kindern viel Spaß. Allerdings sind hier natürlich besondere Sicherheitsmaßnahmen erforderlich, die bei den jeweiligen Forscheraufgaben aufgeführt werden. Wenn die Schüler die Versuche weitgehend selbst durchführen, bauen sie nicht nur Sachkenntnisse auf, sondern trainieren auch planvolles und strukturiertes Arbeiten sowie soziale Kompetenzen.

Das Material

Das Material geht auf die Schwerpunkte der Lektüre ein und deckt verschiedene Themen des Faches Deutsch und des Sachunterrichts ab. Es werden Kopiervorlagen zum Textverständnis, zur Spracharbeit und zur Aufbereitung der Versuche aus dem Buch angeboten. Diese Arbeitsblätter sind so gestaltet, dass sich die Kinder Material, Vorbereitung und Durchführung der Experimente mit einfachen Arbeitsaufträgen selbst erarbeiten können. Im Teilbereich Sprache werden das Wortfeld „sagen" und die Zeichensetzung bei wörtlicher Rede thematisiert. Zur zusammenfassenden Wiederholung des Inhalts ist abschließend ein Kreuzworträtsel enthalten.

Jede Kopiervorlage ist mit einer Symbolleiste versehen, die auf den ersten Blick deutlich macht, welche Arbeitstechniken gefordert sind.

Ich wünsche Ihnen und Ihrer Klasse viel Spaß mit dem spannenden Fall und den Experimenten von Sara und Cosmo.

Karolin Küntzel

Vor der Lektüre

Verteilen Sie die Bücher und lassen Sie die Schüler die Vorder- und Rückseite genau betrachten. Welche Informationen können sie dort entnehmen (z. B. Titel, Untertitel, Autorin)? Lesen Sie gemeinsam den Rückseitentext und stellen sie die Verbindung zwischen Text und Titelbild her: Die drei abgebildeten Hauptfiguren heißen Cosmo, Sara und Valentina. Cosmo ist der Junge mit der Taschenlampe, den beiden Mädchen kann man die Namen noch nicht eindeutig zuordnen. Das Kind mit der Lupe ist im Bach auf der Suche nach der „Beute". Lassen Sie die Schüler Vermutungen über den Inhalt des Buches anstellen.

Da es sich bei der Lektüre um ein Projekt handelt, das über einen längeren Zeitraum läuft, empfiehlt es sich, dass die Kinder eine Mappe führen, in der sie alle Arbeitsblätter und sonstigen Materialien sammeln.

Hinweise zur Kopiervorlage

Sara und Cosmo

Vor dem Beginn der eigentlichen Geschichte werden die beiden Hauptfiguren, die Einstein-Detektive Sara und Cosmo, im Buch vorgestellt. Die Schüler beweisen ihr Textverständnis, indem sie die Aussagen passend zuordnen.

Diskutieren Sie vor Bearbeitung der Aufgabe 2 mit den Kindern, wieso Sara und Cosmo „Einstein" in ihrem Detektivnamen haben. Was könnten sie mit dem Wissenschaftler Albert Einstein gemeinsam haben? Was ist der Unterschied zu normalen Detektiven? (Sie lösen ihre Fälle mithilfe von Experimenten.) Schließen Sie daran mit dem kurzen Sachtext zu Albert Einstein an.

Lösung

Aufgabe 1:

Sara
- … ist nachmittags oft allein.
- … liebt Action und Sport.
- … wohnt zusammen mit Mama und Papa.

Cosmo
- … bastelt und tüftelt gern.
- … lebt in einer Wohnung unter dem Dach.
- … wohnt zusammen mit Papa und Schwester Clara.

Aufgabe 2:

1879: Geburt in Ulm
1894: Einstein verlässt die Schule
1922: Nobelpreis für Physik
1955: Tod in der Nähe von New York (USA)

Weiterführende Anregungen
- Lassen Sie die Schüler weitere Informationen zu Albert Einstein sammeln. Diese können auf einem Plakat zusammengestellt werden. Gut verständliche Texte sowie Bildmaterial zu dem Wissenschaftler finden Sie z. B. unter *https://www.helles-koepfchen.de/albert_einstein/*.
- Das Thema Nobelpreis bietet interessante Anknüpfungspunkte: Wer war Alfred Nobel, nach dem der Preis benannt ist? In welchen Fachbereichen wird der Nobelpreis verliehen? Gibt es weitere bekannte Nobelpreisträger außer Albert Einstein? Informationen dazu finden Sie beispielsweise unter *https://www.helles-koepfchen.de/der-nobelpreis.html*.

1. Kapitel
Ab in den Bach

Inhalt

Sara und Cosmo sind auf Klassenfahrt im Schullandheim. Am Abend gehen die beiden mit ihrer Freundin Valentina zum Bach im Garten. Plötzlich hören sie, dass eine Person in der Nähe herumschleicht. Sie sprechen die Gestalt an. Diese erschrickt, wirft etwas in den Bach und läuft weg. Die drei Freunde machen sich auf die Suche nach dem Gegenstand, können im Dunkeln im Bach jedoch nichts entdecken. Um besser unter Wasser zu sehen, schlägt Valentina vor, eine Unterwasserlupe zu bauen. Die dafür benötigten Materialien besorgen sich die Kinder in der Küche des Schullandheims.

Gesprächs- und Schreibanlässe

Sara und Cosmo sind mit ihrer Klasse im Schullandheim.
- Wenn du das Ziel einer Klassenfahrt bestimmen könntest, wohin würdest du dann fahren? Welche Aktivitäten sollten geplant werden?
- Stell dir vor, du könntest zwischen einem Dreibett-, Vierbett- oder Sechsbettzimmer wählen. Welches Zimmer würdest du aussuchen? Mit wem würdest du das Zimmer teilen? Warum? (Gehen Sie bei dieser Frage behutsam vor. Stellen Sie sie nicht, wenn es Außenseiter in der Klasse gibt, damit diese sich nicht ausgegrenzt fühlen, falls kein Kind mit ihnen ein Zimmer teilen will.)

Sara, Cosmo und Valentina gehen abends zum Sternegucken in den dunklen Garten.

- Interessierst du dich fürs Sternegucken? Welche Sternbilder kennst du?
- Hast du schon einmal eine Nachtwanderung unternommen? Wie fandest du das?

Hinweise zu den Kopiervorlagen

Im Schullandheim

Die Aufgaben dieser Kopiervorlage dienen dazu, das Textverständnis zu überprüfen. An Aufgabe 2 können Sie ein kurzes Gespräch über bei den Kindern beliebte Gerichte anschließen. Lassen Sie dabei alle Nennungen zu, heben Sie aber zwischendurch auch besonders die gesunden Speisen hervor.

Lösung

Aufgabe 1:

Dreibettzimmer: Sara, Valentina und Leonore
Vierbettzimmer: Cosmo, Cem und Max (Das vierte Bett bleibt frei, weil Adil krank ist.)

Aufgabe 2:

Nuggets, Kräcker mit Frischkäse, Gurkenstäbchen mit Dips

Aufgabe 3:

Valentina liebt Experimente und Versuche.
Cosmo hat immer eine Taschenlampe dabei.
Sara kann sehr schnell rennen.

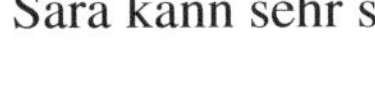

Die Person am Bach

Mit dieser Kopiervorlage machen sich die Schüler den Anfang des Falls der Einstein-Detektive bewusst. Sie bringen dazu die Handlungsschritte in die chronologische Reihenfolge. Das Lösungswort dient dabei zur Selbstkontrolle.

Lösung

Aufgabe 1:

Lösungswort: NACHT

Aufgabe 2:

Aussehen: Die Person hat etwa Cosmos Größe. Sie trägt einen Kapuzenpulli.
Sonstiges: Die Person hat etwas in den Bach geworfen. Sie kann sehr schnell laufen.

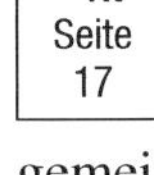

Die Unterwasserlupe

Diese Kopiervorlage kann genutzt werden, um die im ersten Kapitel beschriebene Unterwasserlupe gemeinsam mit den Kindern nachzubauen. Beachten Sie, dass beim Abtrennen der beiden Dosendeckel mit handelsüblichen Dosenöffnern ein scharfer Grat entsteht. Dieser muss mit einem Hammer glatt geschlagen werden. Weisen Sie die Kinder darauf hin, dass sie sich dabei von einem Erwachsenen helfen lassen sollen bzw. diesen Arbeitsschritt nur unter Aufsicht ausführen dürfen. Anstelle einer Konservendose können auch eine Plastikflasche, bei der der Boden abgetrennt wird, oder ein Stück Abflussrohr aus dem Baumarkt (ca. 15 cm lang) verwendet werden.

Probieren Sie die Unterwasserlupe mit den Schülern an einem flachen Gewässer aus. Achten Sie darauf, dass kein Kind ohne Aufsicht ins Wasser geht. Planen Sie deshalb genug Zeit und eine ausreichende Anzahl an Aufsichtspersonen ein. Es empfiehlt sich, den Versuch in Kleingruppen von maximal fünf Schülern durchzuführen.

Erklärung zum Versuchsergebnis: In einem Bach oder Fluss ist die Wasseroberfläche aufgrund der Strömung in Bewegung, sodass man nur schlecht sehen kann, was sich darunter verbirgt. Mithilfe einer Unterwasserlupe ist es möglich, unter die Wasseroberfläche zu schauen, da man durch das Aufsetzen der Lupe diesen Bereich des Wassers sozusagen „glättet" und die Sicht klar wird. Wenn das Sichtgerät auf das Wasser trifft, wölbt sich die Folie von unten etwas nach innen in die Dose, sodass ein Vergrößerungseffekt entsteht.

Lösung

Aufgabe 1:

Konservendose, Dosenöffner, Frischhaltefolie, Gummiring, Schere, Hammer

Aufgabe 2:

3. Schneide ein Stück Folie zu. Es sollte so groß sein, dass es an den Rändern der Dose ein paar Zentimeter übersteht.
1. Entferne mit dem Dosenöffner beide Dosendeckel.
4. Befestige die Folie mit dem Gummiband über einer Dosenöffnung.
2. Klopfe die scharfen Dosenränder mit dem Hammer glatt. Lass dir dabei von einem Erwachsenen helfen!

Aufgabe 3:

z. B. Ohne die Lupe ist das Bachbett nur unklar zu erkennen. Mit der Lupe hat man einen klaren Blick auf das Bachbett. Steine, Wasserpflanzen und Tierchen werden leicht vergrößert.

Weiterführende Anregung
Selbstverständlich eignet sich die Unterwasserlupe auch zur Beobachtung von Pflanzen, Fischen und anderen kleinen Tieren in fließenden oder stehenden Gewässern. Damit die Tiere nicht durch die Schritte im Wasser erschreckt und vertrieben werden, sollte man die Unterwasserwelt in diesem Fall von einem Steg aus beobachten. Weisen Sie die Kinder darauf hin, dass sie sich dafür auf den Steg legen und die Lupe ins Wasser halten sollen, da man im Sitzen oder Knien leicht das Gleichgewicht verliert.

2. Kapitel
Das verschwundene Geldstück

Inhalt

Am nächsten Morgen testen Sara, Cosmo und Valentina die Unterwasserlupe im Bach. Sie entdecken aber nichts, was die unbekannte Person am Abend zuvor hineingeworfen haben könnte. Am Vormittag findet eine Schnitzeljagd statt, während der die drei Freunde andere Kinder befragen, was sie am Abend zuvor gemacht haben. Das einzige Ergebnis ist, dass Paul ein Zweieurostück vermisst. Die Einstein-Detektive fragen sich, ob ein Geldstück untergegangen oder davongeschwommen wäre, wenn es in den Bach geworfen wurde. Deshalb testen sie in einem Brunnentrog, was passiert, wenn man Münzen und Geldscheine ins Wasser wirft.

Gesprächs- oder Schreibanlass

Die Lehrer haben eine Schnitzeljagd vorbereitet.

- Hast du schon einmal an einer Schnitzeljagd teilgenommen? Welche Aufgaben waren zu lösen? Gab es einen Preis für die Sieger?
- Warst du selbst an der Vorbereitung einer Schnitzeljagd beteiligt, z. B. für deine Geburtstagsfeier? Was war dabei besonders schwierig?

Hinweise zu den Kopiervorlagen

KV Seite 18

Erste Ermittlungen
Neben den Versuchen spielt die Befragung anderer eine wichtige Rolle bei der Ermittlung der Einstein-Detektive. Dies wird unter anderem hier aufgegriffen. Die dritte Aufgabe sollte zuerst an einem Beispiel im Plenum bearbeitet werden, da hier ein Perspektivwechsel nötig ist, der den Schülern nicht immer leichtfällt. Greifen Sie exemplarisch eine der befragten Personen heraus. Spielen Sie die Szene eventuell sogar nach. Wie fühlt sich das Kind, das befragt wird? Was kommt ihm dabei in den Sinn? Erleichtern Sie den Schülern die Wahl der Person für ihre eigenständige Bearbeitung der Aufgabe, indem Sie gemeinsam alle entsprechenden Personen mit ein oder zwei kurzen Stichpunkten an der Tafel auflisten.

Lösung
Aufgabe 1:
Im Bach liegt jede Menge Müll.
Sie haben nichts gefunden, was ihnen weiterhilft.

Aufgabe 2:
1. Wer war gestern Abend am Bach?
2. Was hat diese Person ins Wasser geworfen?

Aufgabe 3:
z. B. Tabea: „Wie kommt Valentina nur darauf, dass ich das tolle Tischfußballspiel gegen den dunklen Garten eintauschen würde?"

„Sagen" anders gesagt
Als sprachlicher Schwerpunkt wird das Wortfeld „sagen" genauer betrachtet. Im Buch suchen die Kinder fünf Verben aus dem Wortfeld, die sie in der Grundform aufschreiben. Falls erforderlich, klären Sie gemeinsam, was „Grundform" bedeutet. Bei Aufgabe 3 bietet es sich an, schwächere Schüler erneut auf die Lektüre zu verweisen und gegebenenfalls ein paar Seiten zu nennen, auf denen sich Verben aus dem Wortfeld „sagen" finden.

Lösung
Aufgabe 1:
quieken, mitteilen, wissen wollen, fragen, verkünden

Aufgabe 2:

laut	leise
zetern	murmeln
brüllen	wispern
kreischen	tuscheln
schreien	flüstern

Aufgabe 3:
z. B. bitten, ergänzen, erklären, erwidern, erzählen, jubeln, meckern, meinen, rufen, vorschlagen

KV Seite 20

Schwimmt Geld?

Hier wird an den Versuch der Detektive angeknüpft, mit dem diese herausfinden wollen, ob Münzen und Geldscheine schwimmen oder sinken. Probieren Sie das Experiment mit den Schülern selbst aus, im Plenum oder auch in Kleingruppen bzw. Partnerarbeit. Wichtig für die Aufgaben 1 und 2 ist, dass die Kinder ihre Vermutung zum Ergebnis jeweils notieren, bevor sie den Versuch durchführen.

Zu Aufgabe 2 ist anzumerken, dass der Geldschein untergehen würde, sobald er ausreichend durchgeweicht ist. Dies geschieht allerdings nicht in einer für den Versuch im Unterricht angemessenen Zeit. Gegebenenfalls können Sie einen Schein in einer kleinen Schüssel für ein Langzeitexperiment schwimmen und die Schüler in größeren Zeitabständen kontrollieren lassen, was passiert.

Aufgabe 3 eignet sich für fächerübergreifendes Arbeiten. Beginnen Sie mit Beispielen im Plenum, damit den Schülern der Zugang zur Aufgabe erleichtert wird. Überlegen Sie gemeinsam, gegen welche anderen Geldstücke ein Zweieurostück eingetauscht werden kann. Es gibt dafür unterschiedliche Möglichkeiten. Zur Differenzierung können Sie leistungsstärkeren Schülern vorgeben, dass sie die Münze in möglichst viele verschiedene Münzen eintauschen sollen. Bei schwächeren Schülern lassen Sie Stückelungen mit einem, zwei oder fünf Cent wegfallen.

Lösung

Aufgabe 1:
Das passiert: Alle Münzen sinken.

Aufgabe 2:
Das passiert: Der Geldschein schwimmt.

Aufgabe 3:
Beispiellösung

1 Euro	50 Cent	20 Cent	10 Cent	5 Cent	2 Cent	1 Cent
1	1	2	1			
	2	5				
	1	1	3	20		
1			10			
1			9	1	2	1

3. Kapitel
Der Schwimmtest

Inhalt

Cosmo, Sara und Valentina stellen fest, dass alle Münzen im Wasser untergehen. Da sie mit der Unterwasserlupe im Bach aber nichts gefunden haben, kann die unbekannte Person kein Geld ins Wasser geworfen haben. Aus diesem Grund sammeln die Kinder verschiedene Gegenstände, um erneut Versuche zum Schwimmen und Sinken durchzuführen. Dabei wollen sie auch genau auf die entstehenden Platschgeräusche achten.

Gesprächs- oder Schreibanlass

Cosmo, Sara und Valentina machen mit verschiedenen Gegenständen einen Schwimmtest.

- Wo hast du im Alltag bereits erlebt, dass Gegenstände im Wasser sinken oder schwimmen? Erzähle davon.
- Hast du schon einmal ein Boot gebastelt? Woraus hast du es angefertigt? Ist es geschwommen?

Hinweise zur Kopiervorlage

Was schwimmt?

Dieses Experiment kann als Gruppenarbeit im Klassenzimmer durchgeführt werden. Jede Gruppe erhält eine große Schüssel mit Wasser. Stellen Sie außerdem die in der Lektüre genannten Gegenstände zur Verfügung oder lassen Sie sie von den Schülern mitbringen.

Wichtig ist, dass die Aufgaben 1 und 2 getrennt voneinander durchgeführt werden. Die Kinder sollen bewusst erst Vermutungen anstellen und diese im Anschluss überprüfen. Zu den in der Lektüre genannten Gegenständen können auf dem Arbeitsblatt weitere Dinge ergänzt werden, z. B. Stein, Feder, Korken, Glasmurmel, Kastanie etc. Alle Gegenstände sollten bei dem Versuch vorsichtig ins Wasser gelegt werden, um das gewünschte Ergebnis zu erzielen. Es empfiehlt sich auch, für einige Dinge, wie z. B. den Notizzettel oder den Topflappen, eine längere Beobachtungszeit anzusetzen. Diese schwimmen zuerst, sinken aber, wenn sie sich mit Wasser vollgesogen haben. Achten Sie außerdem darauf, dass die Schüler nach dem Experiment alle Versuchsobjekte gut abtrocknen bzw. zum Trocknen aufhängen.

Erklärung zum Versuchsergebnis: Etwas schwimmt an der Wasseroberfläche, wenn sein Gewicht dem Gewicht des Wassers entspricht, das er verdrängt. Ist der Gegenstand „leichter“ als das Wasser, schwimmt er, ist er „schwerer“ als das Wasser, sinkt er. Materialien mit einer geringeren Dichte als Wasser oder solche, in denen viel Luft eingeschlossen ist (z. B. Kork), schwimmen immer.

Bei manchen Dingen hängt ihre Schwimmfähigkeit davon ab, wie man sie ins Wasser legt. Platziert man eine (kleine) Büroklammer aus Metall mit einer Pinzette waagerecht auf dem Wasser, schwimmt sie. Der Grund dafür ist die Oberflächenspannung. Wirft man sie ins Wasser oder lässt man sie senkrecht hineingleiten, geht die Büroklammer unter. Ähnliches gilt für den Kronkorken: Legt man ihn vorsichtig waagerecht aufs Wasser, schwimmt er, weil er mehr Wasser verdrängt, als wenn er hochkant ins Wasser geworfen wird.

Lösung
Aufgabe 2:
Diese Gegenstände schwimmen: Kronkorken, Bleistift, Büroklammer, Notizzettel, Topflappen
Diese Gegenstände sinken: Radiergummi, Nagel

4. Kapitel
Weggeschwommen

Inhalt

Cosmo, Sara und Valentina werfen verschiedene Gegenstände ins Wasser, um herauszufinden, was schwimmt und was sinkt. Dabei stellen sie fest, dass bei allen Gegenständen das Geräusch des Platschens nicht zu dem passt, das sie in der Nacht am Bach gehört haben. Deshalb befragen sie erneut ihre Mitschüler, ob jemand etwas vermisst. Dabei fällt Sara auf, dass Murat ausnahmsweise kein Käppi trägt. Er selbst sagt dazu, dass er es nicht finden kann. Sara sieht das sofort als neue Spur in ihrem Fall. Die Überlegung, dass das Käppi im Bach weggeschwommen sein könnte, bringt sie auf die Idee, in einem Versuch die Fließgeschwindigkeit des Baches zu messen.

Gesprächs- oder Schreibanlass

Murat kann sein Käppi nicht mehr finden.

- Hast du schon einmal etwas verloren, das dir wichtig war? Was? Hast du es wiedergefunden?
- Was tust du, wenn du etwas verloren hast? Wie gehst du bei der Suche vor?
- Was kannst du machen, wenn du etwas findest, das jemand anderes verloren hat? Wie bekommst du heraus, wem der Gegenstand gehört?

Hinweise zu den Kopiervorlagen

KV Seite 22

Verschwundene Dinge?
Mit dieser Kopiervorlage können Sie das Textverständnis der Schüler überprüfen. Im Rahmen der ersten Aufgabe bietet es sich an, bei der von Valentina befragten Melanie kurz nachzuhaken. Könnte auf Basis der von den Schülern bisher durchgeführten Versuche die Haarspange das Objekt sein, das ins Wasser geworfen wurde? Warum lässt sie sich ausschließen? Auch bei Murat können Sie noch einmal ansetzen. Diskutieren Sie mit den Kindern darüber, warum Murat nicht gern mit Mädchen spricht. Wie empfindet Sara das? Wie fühlen sich andere Mädchen deshalb vielleicht?

Lösung
Aufgabe 1:
Der eine Junge ist Star-Wars-Fan.
Der andere Junge hat mehrere Kaninchen zu Hause.
Melanie sucht eine Haarspange.
Es könnte aber sein, dass sie vergessen hat, sie einzupacken.
Murat sieht irgendwie nackt am Kopf aus.
Sonst trägt er immer ein Käppi.

Die Fließgeschwindigkeit
Auf der ersten Kopiervorlage geht es um die benötigten Materialien und den Aufbau des Versuchs, die dem Lektüretext entnommen werden. Auch für Aufgabe 2 können schwächere Schüler das Buch heranziehen. Der Text entspricht zwar nicht dem der Lektüre, aber der Versuchsaufbau ist genauso wie dort beschrieben.

Das zweite Blatt beschreibt die Durchführung des Versuchs. Wählen Sie dazu ein Gewässer, das an beiden Uferseiten über ein längeres Stück hinweg gut zugänglich ist. Ist der Bach flach, so können die Kinder ihn von einem Ufer zum anderen durchwaten. Ist er dafür zu tief, so müssen sich in der Nähe eine Brücke oder ein Steg befinden, um auf die andere Uferseite zu gelangen. Weisen Sie die Kinder auf mögliche Gefahren am Bach hin, z. B. ein glitschiges Ufer oder Steine, auf denen man beim Durchwaten ausrutschen kann.

Je nach Bodenbeschaffenheit empfiehlt es sich, einen großen Hammer mitzunehmen. Damit können Sie die Stöcke in den Boden schlagen, falls dieser zu hart sein sollte, um die Stangen mit der Hand hineinzudrücken. In diesem

Fall sind auch kürzere, angespitzte Pfähle besser geeignet, falls solche zur Verfügung stehen.

Bei der Durchführung des Versuchs arbeiten idealerweise drei Schüler im Team. Es ist auch möglich, größere Gruppen zu bilden, wobei z. B. ein Kind das Startsignal übernimmt und ein anderes die Ergebnisse notiert. Lassen Sie die Schüler die Versuchsanleitung mehrmals verbalisieren, sodass sie die Reihenfolge verinnerlichen.

Nach den Messungen wird die Fließgeschwindigkeit berechnet. Zuerst werden alle Zeiten addiert und durch die Anzahl der Messungen dividiert. Anschließend wird die Strecke, auf der die Messung erfolgt ist, durch die Zeit geteilt, um ein Ergebnis in Metern pro Sekunde zu erhalten. Bei schwierigeren Werten empfiehlt es sich, für die Divisionen einen Taschenrechner zu verwenden.

Fassen Sie das Versuchsergebnis gemeinsam mit den Kindern zusammen und veranschaulichen Sie es mithilfe eines Maßbands. Bei einer durchschnittlichen Zeit von sechzehn Sekunden ergibt sich z. B. für die Strecke von zehn Metern eine Fließgeschwindigkeit von 0,63 Metern pro Sekunde, d. h. 63 Zentimetern pro Sekunde.

Erklärung zum Versuchsergebnis: Die Fließgeschwindigkeit eines Gewässers hängt von folgenden Faktoren ab: dem Gefälle, dem Verlauf (geradlinig oder kurvenreich), dem Gewässerquerschnitt mit Wasserstand (rechteckig oder bogenförmig) sowie dem Strömungswiderstand durch Felsen / Steine oder Pflanzen. Je stärker das Gefälle und je geradliniger der Verlauf, desto höher die Fließgeschwindigkeit. Die durchschnittliche Fließgeschwindigkeit eines Baches liegt zwischen 0,2 und 1,2 Metern pro Sekunde.

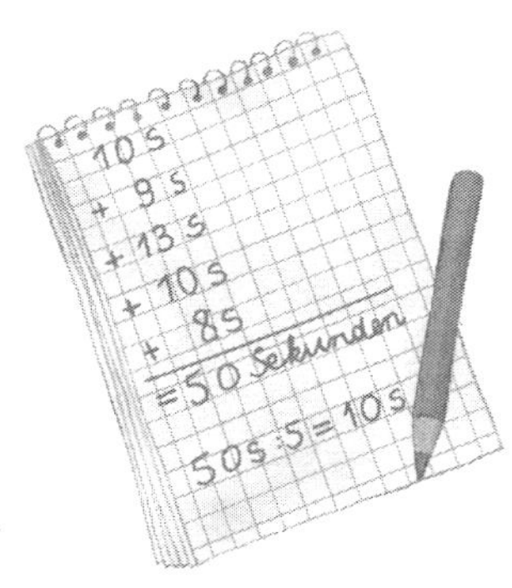

Lösung

Aufgabe 1:

vier Parcoursstangen, zwei Springseile, ein Maßband, eine Stoppuhr, einen Notizblock mit Bleistift, einen Korken

Aufgabe 2:

„Zuerst stecken wir auf beiden Seiten des Baches jeweils eine Stange auf gleicher Höhe in den Boden. Dann brauchen wir auf beiden Seiten denselben Abstand zur jeweils zweiten Stange. Den Abstand messen wir mit einem Maßband. Damit wir später leichter rechnen können, nehmen wir zehn Meter. Die beiden gegenüberliegenden Stangen verbinden wir jeweils mit einem Seil."

5. Kapitel
Brause mit Himbeergeschmack

Inhalt

Kaum haben die Einstein-Detektive und Valentina die Fließgeschwindigkeit des Baches berechnet, läuft ihnen Murat über den Weg, der sein Käppi wiedergefunden hat. Jemand hatte es auf einen Birnbaum gehängt. Damit hat sich diese Spur erledigt. Als Cosmo abends mit anderen Jungen in der Bibliothek spielt, ist Theo nicht bei der Sache. Schließlich erzählt er, dass seine Brotdose verschwunden ist. Darin sind jedoch keine Brote, sondern eine Art Schatz. Die Sache ist ihm etwas peinlich. Zum Glück mischt sich Niko ein, der seinen „Schatz", nämlich Brausepulver mit Himbeergeschmack, auch nicht mehr finden kann. Das ist eine neue Spur, die Cosmo sofort den Mädchen mitteilt. Auf ihre Bitte hin besorgt er sich von Niko zwei Tütchen Brausepulver, mit denen sie anschließend Versuche zur Löslichkeit und zum Platschgeräusch durchführen.

Gesprächs- und Schreibanlässe

Theo berichtet, dass er nicht so gut geschlafen hat, weil er seine Brotdose nicht finden konnte.

- Schläfst du auch manchmal nicht gut? Warum?
- Was tust du, wenn du nicht einschlafen kannst?

Niko erzählt, dass Brausepulver mit Himbeergeschmack für ihn das Beste ist, was es gibt.

- Welches Gericht oder Getränk magst du besonders gern? Warum?
- Was isst oder trinkst du gar nicht gern? Was schmeckt dir daran nicht?

Hinweise zu den Kopiervorlagen

Abends in der Bibliothek
Mit Aufgabe 1 kann das Textverständnis überprüft werden. Das Lösungswort gibt den Schülern eine Möglichkeit zur Selbstkontrolle. Ausgehend von Theos Aussage, dass sich in seiner Brotdose eine Art Schatz befindet, überlegen die Kinder anschließend, was für sie ein Schatz ist. Bereiten Sie das selbstständige Verfassen eines kurzen Textes im Unterrichtsgespräch vor. Lassen Sie die Schüler erzählen, welche Dinge ihnen wichtig sind und wo sie diese aufbewahren.

Lösung

Aufgabe 1:

	richtig	falsch
1. Valentina spielt mit Sara und zwei weiteren Mädchen ein Kartenspiel.		X
2. Das Exit-Spiel hat Cem mitgebracht.	X	
3. Theo hat nicht so gut geschlafen.	X	
4. Theo konnte seine Zahnbürste nicht finden.		X
5. Cem kann auch nicht schlafen, wenn er seine Zähne nicht geputzt hat.		X
6. In Theos Brotdose befindet sich eine Art Schatz.	X	
7. Nikos Schatz ist Brausepulver mit Zitronengeschmack.		X
8. Das verschwundene Brausepulver ist eine neue Spur.	X	

Lösungswort: VERDACHT

KV Seite 26

Viel geredet

Auf dieser Kopiervorlage steht die wörtliche Rede im Mittelpunkt. Dabei wird in Aufgabe 1 ein besonderes Augenmerk auf die Zeichensetzung gelegt. Bei vorangestelltem Redebegleitsatz wird die wörtliche Rede mit Satzzeichen in Anführungszeichen gesetzt. Wird der Redebegleitsatz nachgestellt, folgt hinter dem schließenden Anführungszeichen ein Komma, egal ob vorher ein Fragezeichen, ein Ausrufezeichen oder gar kein Satzzeichen stand. Der Punkt entfällt in diesem Fall, sodass innerhalb der Anführungszeichen am Ende der wörtlichen Rede kein Satzzeichen benötigt wird. Vor der eigenständigen Bearbeitung von Aufgabe 2 durch die Schüler empfiehlt es sich, die Umstellung der Redebegleitsätze im Plenum zu üben. Dafür geeignete Sätze finden Sie z. B. auf Seite 40 in der Lektüre. Zur Differenzierung können schnellere Kinder im Anschluss an Aufgabe 3 drei wörtliche Reden aus der Lektüre in „dass"-Sätze umwandeln.

Lösung

Aufgabe 1:

„Was ist los?", will Cosmo schließlich wissen.
„Ich hab nicht so gut geschlafen", erzählt Theo leise.
Valentina überlegt: „Brausepulver?"
„Küche!", antwortet Sara.

Aufgabe 2:

„Wo war dein Käppi?", fragt Sara Murat.
Murat stammelt: „Birnbaum."

Aufgabe 3:

Theo erzählt: „Ich konnte meine Brotdose nicht finden."
Niko sagt: „Ich habe kein Brausepulver mit Himbeergeschmack mehr."

KV Seite 27

Was löst sich in Wasser auf?

Mithilfe dieses Arbeitsblattes können die Schüler in Gruppenarbeit die Wasserlöslichkeit verschiedener Verbrauchsstoffe untersuchen. Stellen Sie dafür jeder Gruppe sechs Gläser, sechs lange Löffel und eine Kanne mit kaltem Wasser zur Verfügung. Benötigt werden außerdem Salz, Zucker, Mehl, Kakao, Sand und Brausepulver sowie eine Uhr oder ein Küchenwecker. Weisen Sie die Schüler darauf hin, dass sie die durch das Experiment entstehenden Flüssigkeiten nicht trinken sollen.

Geben Sie den Kindern die folgenden Anweisungen für den Versuch vor:

1. Gebt in jedes Glas einen Teelöffel eines Versuchsstoffes.
2. Füllt alle Gläser mit Wasser auf.
3. Beobachtet, was passiert.
4. Rührt kräftig um. Was geschieht?
5. Wartet 30 Minuten. Wie sieht die Flüssigkeit nun aus?

Um den Schülern das Einordnen ihrer Beobachtungen und das Verschriftlichen zu erleichtern, notieren Sie folgende Möglichkeiten an der Tafel: schwimmt oben – löst sich auf – mischt sich – sinkt zu Boden – wirbelt auf – löst sich nicht auf – hat sich aufgelöst – liegt am Boden.

Erklärung zum Versuchsergebnis: Ein Stoff löst sich in Wasser auf, wenn Wassermoleküle zwischen die Moleküle des Versuchsstoffs gelangen und sie trennen können. Die Moleküle des Versuchsstoffs sind noch da, aber so winzig klein, dass sie nicht sichtbar sind. Die Wassermoleküle schließen sie ein und lassen sie schwimmen. Salz, Zucker und Brausepulver sind wasserlöslich. Wasserunlöslich sind alle Stoffe, die nicht von den Wassermolekülen getrennt werden können, z. B. Mehl, Kakao und Sand.

Lösung

Aufgaben 1 und 2:

	Ich beobachte:		
Versuchsstoffe	1. ohne Umrühren	2. mit Umrühren	3. nach 30 Minuten
Salz	sinkt zu Boden	löst sich auf	hat sich aufgelöst
Zucker	sinkt zu Boden	löst sich auf	hat sich aufgelöst
Mehl	schwimmt oben	mischt sich	liegt am Boden

	Ich beobachte:		
Versuchs-stoffe	1. ohne Umrühren	2. mit Umrühren	3. nach 30 Minuten
Kakao	schwimmt oben	mischt sich	mischt sich, löst sich nicht auf
Sand	sinkt zu Boden	wirbelt auf, sinkt wieder zu Boden	liegt am Boden
Brause-pulver	sinkt zu Boden	löst sich auf	hat sich aufgelöst

Weiterführende Anregung
Führen Sie den Versuch zur Wasserlöslichkeit statt mit kaltem mit warmem Wasser durch. Durch die höhere Temperatur wird die Bewegung der Wassermoleküle größer und die Kristalle lösen sich schneller auf.

6. Kapitel
Eine Brotdose ohne Brot

Inhalt

Cosmo, Sara und Valentina beobachten, dass das Brausepulvertütchen auf der Wasseroberfläche liegen bleibt und das Brausepulver sich im Wasser auflöst. Doch Sara stellt fest, dass das Tütchen nicht als verschwundene Beute infrage kommt, weil es zu leise geplatscht hat. Daraufhin erzählt Cosmo den beiden Mädchen von Theos Brotdose. Eigentlich sinken Dinge aus Metall, doch da auch schwere Schiffe schwimmen, führen die Kinder einen Versuch mit Knete und Alufolie durch, bei dem sie die Materialien unterschiedlich formen.

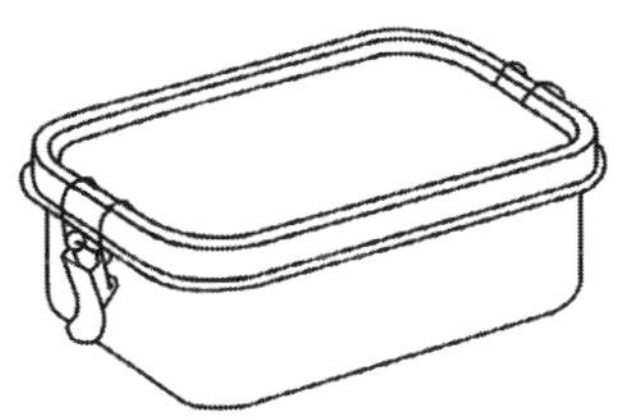

Gesprächs- oder Schreibanlass

Theo hat eine Art Schatz in seiner Brotdose versteckt.
- Was könnte Theos Schatz sein?
- Hast du auch einen Schatz? Worum handelt es sich und warum ist das dein Schatz?
- Wo würdest du einen Schatz verstecken?

Hinweise zu den Kopiervorlagen

Die geheimnisvolle Brotdose
Die Kinder sammeln auf diesem Arbeitsblatt alle Informationen, die sie bisher zu Theos Brotdose erhalten haben. Sie sind in der Lektüre an zwei Stellen zu finden: auf Seite 51 und auf den Seiten 57 bis 59. Im Anschluss daran beschreiben sie ihre eigene Brotdose mit dem üblichen Pausenbrotinhalt.

Lösung
Aufgabe 1:
Die Dose gehört Theo. Die Dose ist aus Metall und hat Klappverschlüsse. Es ist kein Brot drin. Theo sagt nicht, was darin ist. Die Detektive wissen nicht, wie schwer die Dose mit Inhalt ist.

Warum schwimmen Schiffe?
Die beiden Materialien Knete und Alufolie werden einander in zwei Versuchen zum Schwimmen und Sinken gegenübergestellt. Sowohl bei Knete als auch bei einem zusammengeknüllten Stück Alufolie geht man in der Regel davon aus, dass sie in Wasser auf den Grund sinken.

Verwenden Sie zwei jeweils etwa zehn Gramm schwere Stücke Knete. Aus dem einen Stück wird eine Kugel gerollt, aus dem anderen mit den Händen eine kleine Schale, das Kneteboot, geformt. Die beiden Alufolienstücke sollten jeweils etwa 15 x 20 cm groß sein. Die kürzere Länge entspricht der halben Breite einer handelsüblichen Aluminiumfolienrolle. Die Kugel aus Alufolie muss möglichst gut verdichtet werden. Wenn sich im Inneren der Alukugel nämlich noch Luft befindet, dann schwimmt sie auf der Wasseroberfläche. Halten Sie die Kugel dann unter Wasser, damit sich die vorhandenen Hohlräume mit Wasser füllen und die Kugel von selbst sinkt. Das Aluschiff wird nach einer Faltanleitung für Papierschiffe hergestellt. Eine Videoanleitungen finden Sie beispielsweise unter *https://www.youtube.com/watch?v=riEes5JApxA*.

Erklärung zum Versuchsergebnis: Die Kraft eines Körpers (= Gewichtskraft) ist im Wasser nach unten gerichtet und die Auftriebskraft des Wassers nach oben. Ist die Auftriebskraft größer als die Gewichtskraft, so schwimmt der Körper. Sind Auftriebskraft und Gewichtskraft gleich, so schwebt der Körper im Wasser. Ist die Auftriebskraft kleiner als die Gewichtskraft, so sinkt der Körper zu Boden. Verdrängt ein Körper mehr Wasser, als er selbst wiegt, kann er schwimmen. Je größer ein Gegenstand deshalb ist und je mehr Oberfläche er hat, desto mehr Wasser wird von ihm verdrängt und desto mehr Kraft muss man aufbringen, um ihn ins Wasser zu drücken. Das Wasser drückt mit seiner Auftriebskraft von unten dagegen.

Lösung
Aufgabe 2:
Ich beobachte: Beide Kugeln sinken.

Aufgabe 3:
Ich beobachte: Beide Boote schwimmen.

7. Kapitel
Schiffe mit Ladung

Inhalt

Sara, Cosmo und Valentina setzen ihre Experimente zum Schwimmen und Sinken fort. Allerdings müssen sie diese abbrechen, um mit ihren Schulkameraden zu frühstücken. Danach wandern die beiden Klassen zu einer Burgruine. Als sie auf dem Weg dorthin auch den Bach überqueren, der vom Schullandheim kommt, entdecken sie darin ein Metallgitter. Jeder Gegenstand von der Größe der Brotdose hätte spätestens hier hängen bleiben müssen. Zurück im Schullandheim nehmen die Kinder ihre Versuche wieder auf.

Gesprächs- oder Schreibanlass

Die beiden Klassen unternehmen eine Wanderung zu einer Burgruine.

- Bist du schon einmal wandern gegangen? Welches Ziel hattest du?
- Wanderst du lieber in der Ebene oder auf Berge? Warum?
- Wenn du dir ein Ziel aussuchen könntest, wohin würdest du gerne mal wandern?

Hinweise zur Kopiervorlage

Zu viel geladen?
Diese Kopiervorlage beschäftigt sich mit der Fortsetzung des Versuchs zum Schwimmen und Sinken von Körpern aus unterschiedlichen Materialien. Aufgabe 2 ist eine größere Herausforderung für die Schüler, da der Versuch in der Lektüre recht knapp und zusammenfassend dargestellt ist (siehe dort Seite 68). Daher empfiehlt es sich, mit den Kindern im Gespräch zu erarbeiten, in welche Schritte das Experiment unterteilt werden kann. Klären Sie außerdem, was mit Ich-Perspektive gemeint ist: Alle Sätze der Versuchsanleitung sollen mit „ich" beginnen. Lassen Sie die Schüler im Anschluss die Anleitung eigenständig aufschreiben.

Bei der Durchführung des Versuchs gilt es zu beachten, dass die Menge der benötigten Büroklammern und Steine von deren Größe und ihrem Gewicht sowie von der Größe und Form der „Boote" abhängt. Sie kann daher bei den Versuchen sehr unterschiedlich sein.

Erklärung zum Versuchsergebnis: Beim Beladen eines Schiffes nimmt die Gewichtskraft zu, d. h. das Schiff wird schwerer und drückt mit einer größeren Kraft ins Wasser. Übertrifft die Gewichtskraft des Schiffes die Auftriebskraft des Wassers, die von unten gegen das Schiff drückt, sinkt das Schiff.

Lösung
Aufgabe 1:
Kneteschale, Büroklammern, Aluboot, Brotdose aus Plastik, Becken mit Wasser, Steine, Rührschüssel aus Metall

Aufgabe 2:
1. Ich setze die Kneteschale ins Wasser.
2. Ich lege die Büroklammern einzeln in die Kneteschale und zähle mit.
3. Falls die Schale sinkt, schreibe ich auf, wie viele Büroklammern dazu nötig waren.
4. Ich wiederhole den Versuch mit dem Aluboot.
5. Ich führe den Versuch mit der Rührschüssel durch. Dabei ersetze ich die Büroklammern durch Steine.
6. Ich wiederhole den Versuch mit der Brotdose. Auch dabei verwende ich Steine.

8. Kapitel
Kekse für den Hund

Inhalt

Cosmo, Sara und Valentina füllen bei ihrem Versuch das Kneteboot und das Aluschiff mit Büroklammern. Mit zu viel Ladung sinken beide Boote. Auch beim Experiment mit den Steinen in der Rührschüssel und der Brotbox gehen die Behälter unter. Cosmo vermutet jedoch, dass Theos Brotbox nicht so schwer gewesen sein kann, dass sie gesunken ist. Deshalb suchen die Einstein-Detektive und ihre Freundin nochmals bachabwärts auf beiden Seiten des Ufers. Nach einiger Zeit entdeckt Cosmo Theos Dose, die kopfüber an einem Ast im Wasser hängen geblieben ist. Als Theo diese später öffnet, befinden sich darin Erinnerungsstücke an seinen Hund Freddy, der nicht mit ins Schullandheim fahren durfte. Da meldet sich plötzlich Theos Mitschüler Magnus zu Wort und gibt zu, dass er die Brotdose aus Eifersucht genommen hatte. Er wollte wissen, welchen Schatz Theo darin versteckt. Als er im Garten jedoch die Einstein-Detektive und Valentina bemerkte, erschrak er und warf die Box in den Bach. Magnus entschuldigt sich nun bei Theo dafür. Zum Abschluss des Schullandheimaufenthalts nehmen alle Kinder noch am Parcourswettbewerb teil.

Gesprächs- und Schreibanlässe

Theo konnte seinen Hund Freddy nicht ins Schullandheim mitnehmen und hat deshalb Erinnerungsstücke in seine Brotdose gepackt.

- Kannst du Theo verstehen? Warum (nicht)?
- Hast du auch etwas, z. B. ein Haustier, von dem du dich nur ungern trennst?
- Was nimmst du unbedingt mit, wenn du wegfährst?

Magnus war auf Theo und seinen Schatz eifersüchtig.

- Warst du auch schon einmal auf jemanden eifersüchtig? Wie hast du dich dabei gefühlt?
- Verstehst du Magnus' Verhalten? Hätte er auch anders handeln können? Wie?

Hinweise zur Kopiervorlage

KV Seite 31

Theo und Magnus
Hier liegt der Fokus auf dem Besitzer und dem Dieb der Brotdose. Gehen Sie vor Bearbeitung der zweiten Aufgabe näher auf die Entschuldigung von Magnus und auf Theos Reaktion ein: Meint Magnus es ernst? Woran erkennt man das? Und ist damit für Theo wirklich wieder alles in Ordnung? Die Schüler sollen sich dabei bewusst machen, wie Magnus und Theo sich fühlen, um dies im szenischen Spiel darstellen zu können.

Lösung
Aufgabe 1:
Theo ist das, was in der Dose ist, etwas peinlich.
Theo wollte erst gar nicht mit auf die Klassenfahrt, weil sein Hund nicht mitfahren durfte.
Theo hat das Foto von Freddy eingesteckt, damit er nicht einsam ist.
Magnus hat einen knallroten Kopf.
Magnus war eifersüchtig auf Theo und seinen Schatz.
Magnus ist meist eher schüchtern und unauffällig.
Magnus hat die Dose weggeworfen, damit man ihn nicht für einen Dieb hält.

Nach der Lektüre

Blicken Sie am Ende der Unterrichtseinheit mit den Schülern auf den Inhalt der Lektüre zurück. Lassen Sie sie das Buch bewerten: Was hat den Kindern gefallen, was weniger? Wer ist ihre Lieblingsfigur? Wie fanden sie die Idee, in die Geschichte Experimente einzubauen? Was war ihr Lieblingsversuch?

Nehmen Sie auf den Anfang der Lektüre Bezug und sehen Sie sich gemeinsam nochmals das Titelbild an: Wo im Buch befindet sich die Textstelle, die abgebildet ist? (Seite 18) Passt der Titel zu der Lektüre?

Hinweise zur Kopiervorlage

KV Seite 32

Weißt du Bescheid?
Zum Abschluss der Lektüre bietet das Kreuzworträtsel eine spielerische Möglichkeit, die Textkenntnis der Schüler zu festigen. Das Lösungswort dient der Selbstkontrolle.

Lösung
Aufgabe 1:

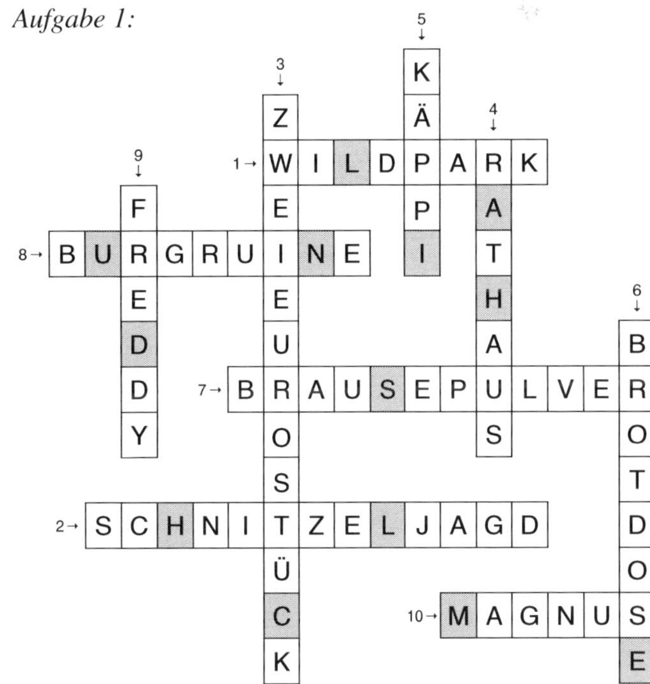

Lösungswort: SCHULLANDHEIM

Sara und Cosmo

Die Einstein-Detektive stellen sich vor. Ordne die Sätze richtig zu.

Sara

- … bastelt und tüftelt gern.
- … ist nachmittags oft allein.
- … lebt in einer Wohnung unter dem Dach.
- … wohnt zusammen mit Papa und Schwester Clara.
- … liebt Action und Sport.
- … wohnt zusammen mit Mama und Papa.

Cosmo

Lies den Text. Unterstreiche die Jahreszahlen. Schreibe sie mit den passenden Ereignissen in dein Heft.

Albert Einstein wurde 1879 in Ulm geboren. Kurz nach seiner Geburt zog die Familie nach München. Dort ging er zur Schule, die er jedoch 1894 mit 15 Jahren verließ, um seinen Eltern nach Italien zu folgen. Später zog er in die Schweiz, wo er Physik studierte. Er wurde ein bedeutender Wissenschaftler und erhielt für seine Forschungen 1922 den Nobelpreis für Physik. Vor dem Zweiten Weltkrieg wanderte er in die Vereinigten Staaten aus. 1955 ist Albert Einstein in der Nähe von New York gestorben.

Name: ____

lesen **schreiben** sprechen Spracharbeit forschen rätseln

Im Schullandheim

Die Klassen 4a und 4b sind gemeinsam auf Klassenfahrt.

Wer schläft in welchem Zimmer? Trage die Namen ein.

Dreibettzimmer	Vierbettzimmer
____	____
____	____
____	____

Was gibt es mittags zu essen? Bringe die Buchstaben in die richtige Reihenfolge. Schreibe auf und ergänze.

(TNUGSGE) ____

(RKCÄKRE) ____ *mit (CHSIRFSÄKE)* ____

(EGNKRU) ____ *stäbchen mit (SPID)* ____

Was passt zu wem? Verbinde die Namen mit den passenden Aussagen.

Valentina • • … kann sehr schnell rennen.

Cosmo • • … liebt Experimente und Versuche.

Sara • • … hat immer eine Taschenlampe dabei.

Name:

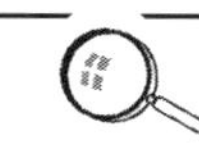

lesen **schreiben** sprechen Spracharbeit forschen rätseln

Die Person am Bach

Als Sara, Cosmo und Valentina abends am Bach Sterne gucken, kommt eine Person vorbei.

Bringe die Textstreifen in die richtige Reihenfolge. Trage die Buchstaben unten ein.

Tipp: Lies auf den Seiten 14 bis 17 nach.

Die Gestalt bleibt plötzlich stehen. Dann fliegt etwas in den Bach. Es platscht.	H
Die Kinder wollen im Garten im Dunkeln Sterne gucken.	N
Die Person sprintet den Hang hoch zum Haus.	T
Die Person hat etwa Cosmos Größe, trägt einen Pullover mit Kapuze und hält etwas in der Hand.	C
Da bewegt sich ein Schatten. Laub raschelt und kleine Zweige zerbrechen unter den Schritten. Die Gestalt kommt näher.	A

Lösungswort:

1	2	3	4	5

Was wissen Sara, Cosmo und Valentina über die unbekannte Person? Schreibe auf.

Aussehen: ______________________________

____

____

Sonstiges: ______________________________

____

____

 Materialien und Kopiervorlagen zu: Karolin Küntzel, Die verschwundene Beute

Name:

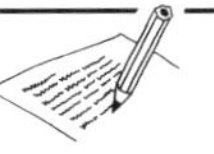

lesen **schreiben** sprechen Spracharbeit **forschen** rätseln

Die Unterwasserlupe

Lies im Buch auf den Seiten 20 bis 24 nach, welche Dinge du für den Versuch brauchst. Schreibe sie in der Reihenfolge auf, in der sie im Text erwähnt werden.

1. ______________________
2. ______________________
3. ______________________

4. ______________________
5. ______________________
6. ______________________

Die Anleitung zum Bau der Unterwasserlupe ist durcheinandergeraten. Nummeriere die Abschnitte in der richtigen Reihenfolge.

☐ Schneide ein Stück Folie zu. Es sollte so groß sein, dass es an den Rändern der Dose ein paar Zentimeter übersteht.

☐ Entferne mit dem Dosenöffner beide Dosendeckel.

☐ Befestige die Folie mit dem Gummiband über einer Dosenöffnung.

☐ Klopfe die scharfen Dosenränder mit dem Hammer glatt. Lass dir dabei von einem Erwachsenen helfen!

Führe den Versuch in einem Bach oder Teich durch. Was siehst du ohne und was mit Unterwasserlupe? Beschreibe die Unterschiede.

____

____

____

____

Name:

Erste Ermittlungen

Sara, Cosmo und Valentina haben am Abend zuvor beobachtet, wie jemand etwas in den Bach geworfen hat. Nun beginnen sie zu ermitteln.

Welches Ergebnis hat die Suche mit der Unterwasserlupe? Kreuze an, was stimmt.

- ☐ Im Bach liegt ein Gegenstand, den sie nicht herausholen können.
- ☐ Im Bach liegt jede Menge Müll.
- ☐ Sie haben nichts gefunden, was ihnen weiterhilft.
- ☐ Sie haben eine Kiste gefunden, die sie nicht öffnen können.

Welche zwei Fragen müssen die drei Freunde klären? Schreibe auf.

1. ______________________________

2. ______________________________

Die Einstein-Detektive und Valentina hören sich um, ob jemand abends noch draußen war.

Suche eines der Kinder von Seite 28 oder 29 im Buch aus. Notiere den Namen. Schreibe auf, was das Kind bei der Befragung denkt.

____

Name: ____________________

„Sagen“ anders gesagt

Bei wörtlicher Rede kommt im Redebegleitsatz oft das Verb „sagen“ vor.

Im Buch findest du auf Seite 25 fünf Verben, die statt „sagen“ verwendet werden. Schreibe sie in der Grundform auf.

____

____

Man kann etwas laut oder leise sagen. Trage die folgenden Verben richtig in die Tabelle ein.

murmeln brüllen wispern tuscheln zetern kreischen schreien flüstern

laut	leise

Sammle mit einem Partner weitere Verben aus dem Wortfeld „sagen“. Schreibt mindestens acht Verben auf.

____

____

____

____

Name:

lesen **schreiben** sprechen Spracharbeit **forschen** rätseln

Schwimmt Geld?

Paul vermisst ein Zweieurostück.

Du brauchst eine Schüssel mit Wasser und verschiedene Münzen. Was passiert, wenn du eine Zweieuromünze ins Wasser wirfst? Was geschieht mit kleineren Münzen? Schreibe auf.

Ich vermute: ______________________________

Das passiert: ______________________________

____

Was passiert, wenn du einen Fünfeuroschein ins Wasser legst? Notiere.

Ich vermute: ______________________________

Das passiert: ______________________________

____

Valentina testet auch andere Münzen. Wie viele Münzen brauchst du, um zwei Euro zu erhalten? Trage verschiedene Möglichkeiten ein.

1 Euro	50 Cent	20 Cent	10 Cent	5 Cent	2 Cent	1 Cent	
							= 2 Euro
							= 2 Euro
							= 2 Euro
							= 2 Euro
							= 2 Euro

Illustrationen Münzen: © Deutsche Bundesbank

Name:

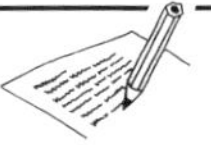

lesen schreiben sprechen Spracharbeit forschen rätseln

Was schwimmt?

Cosmo, Sara und Valentina werfen verschiedene Dinge ins Wasser, um dem verschwundenen Gegenstand und dem Geräusch des Platschens auf die Spur zu kommen.

Welche Dinge schwimmen, welche sinken? Kreuze in der Tabelle zunächst an, was du vermutest. Du kannst in den leeren Zeilen weitere Gegenstände ergänzen.

	Ich vermute:		Ich beobachte:	
	schwimmt	sinkt	schwimmt	sinkt
Kronkorken				
Bleistift				
Radiergummi				
Büroklammer				
Nagel				
Notizzettel				
Topflappen				

Überprüfe mit einem Versuch, ob die Gegenstände aus der Tabelle schwimmen oder sinken. Kreuze oben an, was du beobachtest. Vergleiche das Ergebnis mit deinen Vermutungen.

Warum können ein Kronkorken und eine Büroklammer sowohl schwimmen als auch sinken? Besprich dich mit einem Partner.

Name:

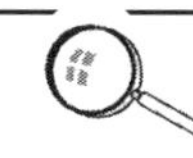

lesen schreiben sprechen Spracharbeit forschen rätseln

Verschwundene Dinge?

Die Einstein-Detektive und Valentina versuchen herauszufinden, ob noch jemand etwas vermisst.

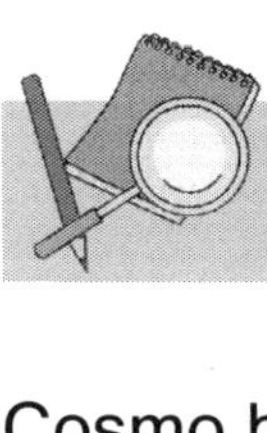

Was erfahren Cosmo, Valentina und Sara? Ergänze.

Tipp: Lies auf den Seiten 38 und 39 nach.

Cosmo befragt zwei Jungen.

Der eine Junge ______________________________.

Der andere Junge ______________________________.

Valentina spricht mit Melanie.

Melanie sucht ______________________________.

Es könnte aber sein, dass ______________________________

______________________________.

Sara trifft auf Murat.

Murat ______________________________.

Sonst ______________________________.

Zeichne den Gegenstand, wie Sara ihn beschreibt.

Tipp: Lies auf Seite 40 nach.

Name:

lesen schreiben sprechen Spracharbeit forschen rätseln

Die Fließgeschwindigkeit (1)

Sara, Cosmo und Valentina wollen die Fließgeschwindigkeit des Baches messen.

Bereite den Versuch vor. Lies im Buch auf den Seiten 41 und 42 nach, welche Dinge du dafür brauchst. Gib auch die Anzahl an.

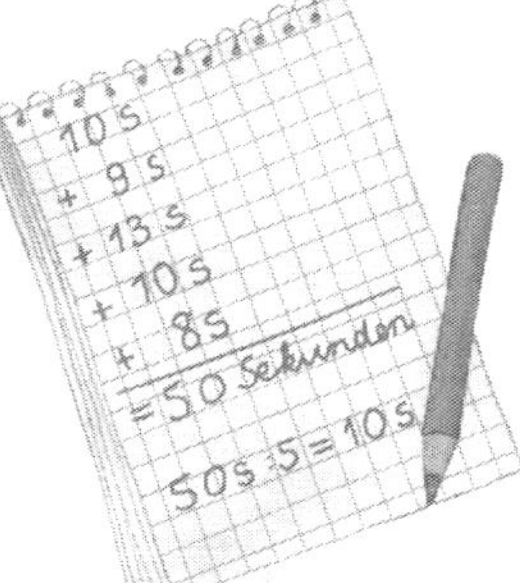

__________ Parcoursstangen

__________ Springseile

ein ____________________

eine ____________________

einen ____________________ mit ____________________

einen ____________________

Lies Valentinas Anleitung zum Aufbau des Versuchs. Streiche die falschen fetten Wörter durch.

Zuerst stecken wir auf beiden **Ecken / Seiten** des Baches jeweils eine Stange auf gleicher **Höhe / Tiefe** in den **Matsch / Boden**. Dann brauchen wir auf beiden **Seiten / Enden** denselben **Abstand / Winkel** zur jeweils zweiten Stange. Den **Winkel / Abstand** messen wir mit einem **Kompass / Maßband**. Damit wir später leichter **rechnen / spielen** können, nehmen wir zehn Meter. Die beiden **gegenüberliegenden / nebeneinander-liegenden** Stangen verbinden wir jeweils mit einem **Faden / Seil**.

Name:

lesen **schreiben** sprechen Spracharbeit **forschen** rätseln

Die Fließgeschwindigkeit (2)

Führt den Versuch nach folgender Anweisung in der Gruppe durch.

	Kind 1	Kind 2	Kind 3
START	zählt laut „eins – zwei – drei!“ und setzt bei „drei“ den Korken ins Wasser		startet bei „drei“ die Stoppuhr
ZIEL		fischt den Korken aus dem Wasser und ruft gleichzeitig „Stopp!“	hält bei „Stopp!“ die Stoppuhr an

Berechnet die Fließgeschwindigkeit nach folgender Anweisung.

1. Führt den Versuch fünfmal durch und notiert jeweils die gemessene Zeit. Zählt alle Zeiten zusammen.

   Zeit 1: ________ s

   Zeit 2: ________ s

   Zeit 3: ________ s

   Zeit 4: ________ s

   Zeit 5: ________ s

   SUMME: ________ s

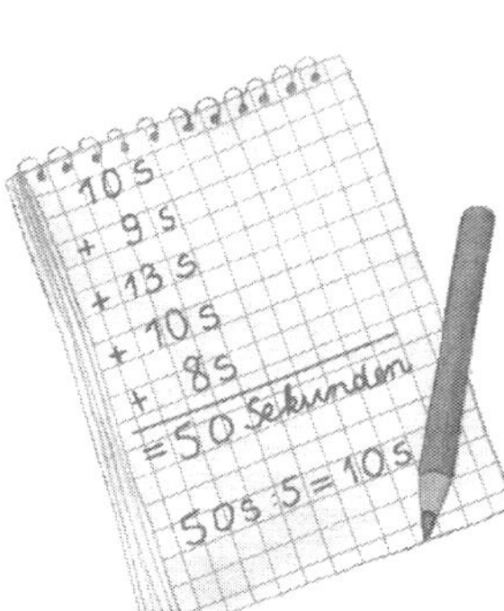

2. Teilt die Summe der Zeiten durch die Anzahl der Messungen. Das Ergebnis ist die durchschnittliche Zeit für die Strecke von zehn Metern.

   ________ s : 5 = ________ s

3. Um die Geschwindigkeit in Meter pro Sekunde zu erhalten, teilt ihr die Strecke durch die Zeit.

   10 m : ________ s = ________ m/s

Name:

lesen **schreiben** sprechen Spracharbeit forschen rätseln

Abends in der Bibliothek

Richtig oder falsch? Kreuze an. Trage die Lösungsbuchstaben unten ein.

	richtig	falsch
1. Valentina spielt mit Sara und zwei weiteren Mädchen ein Kartenspiel.	W	V
2. Das Exit-Spiel hat Cem mitgebracht.	E	U
3. Theo hat nicht so gut geschlafen.	R	N
4. Theo konnte seine Zahnbürste nicht finden.	B	D
5. Cem kann auch nicht schlafen, wenn er seine Zähne nicht geputzt hat.	E	A
6. In Theos Brotdose befindet sich eine Art Schatz.	C	S
7. Nikos Schatz ist Brausepulver mit Zitronengeschmack.	A	H
8. Das verschwundene Brausepulver ist eine neue Spur.	T	M

Lösungswort:

1	2	3	4	5	6	7	8

Was ist für dich ein Schatz? Warum ist er dir wichtig? Wo bewahrst du ihn auf? Schreibe dazu fünf Sätze.

Name:

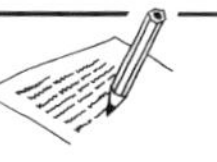

lesen **schreiben** sprechen **Spracharbeit** forschen rätseln

Viel geredet

Das, was jemand sagt, nennt man wörtliche Rede. Anführungszeichen markieren den Anfang und das Ende des Gesagten. Der Redebegleitsatz zeigt an, wer etwas sagt.

Ergänze bei den folgenden Sätzen die Anführungszeichen und die Satzzeichen.

Tipp: Lies auf den Seiten 51 bis 53 nach.

Was ist los will Cosmo schließlich wissen

Ich hab nicht so gut geschlafen erzählt Theo leise

Valentina überlegt Brausepulver

Küche antwortet Sara

Der Redebegleitsatz kann vor oder nach der wörtlichen Rede stehen. Stelle bei den folgenden Sätzen den Redebegleitsatz um.

Sara fragt Murat: „Wo war dein Käppi?“

____

____

„Birnbaum“, stammelt Murat.

____

Schreibe die Sätze in direkter Rede auf. Achte auf die Anführungszeichen und die Satzzeichen.

Tipp: Theo und Niko sprechen von sich selbst!

Theo erzählt, dass er seine Brotdose nicht finden konnte.

Theo erzählt: „ ______________________________________

Niko sagt, dass er kein Brausepulver mit Himbeergeschmack mehr hat.

Niko sagt: „ ______________________________________

Name:

lesen schreiben sprechen Spracharbeit forschen rätseln

Was löst sich in Wasser auf?

Welche Versuchsmaterialien braucht ihr? Bildet aus den verpurzelten Buchstaben in der ersten Tabellenspalte Wörter und schreibt sie auf.

	Ich beobachte:		
Versuchsstoffe	1. ohne Umrühren	2. mit Umrühren	3. nach 30 Minuten
z a l S			
r ck e Z u			
h e M l			
a a o K k			
n a d S			
au B e v l e r s u r p			

Die geheimnisvolle Brotdose

Was weißt du über Theos Brotdose? Trage ein.

Hast du eine Brotdose? Beschreibe, wie sie aussieht und was normalerweise darin ist.

Name:

lesen schreiben **sprechen** Spracharbeit **forschen** rätseln

Warum schwimmen Schiffe?

Besorge dir die folgenden Dinge und bereite sie für den Versuch vor.

zwei gleich große Stücke Knete

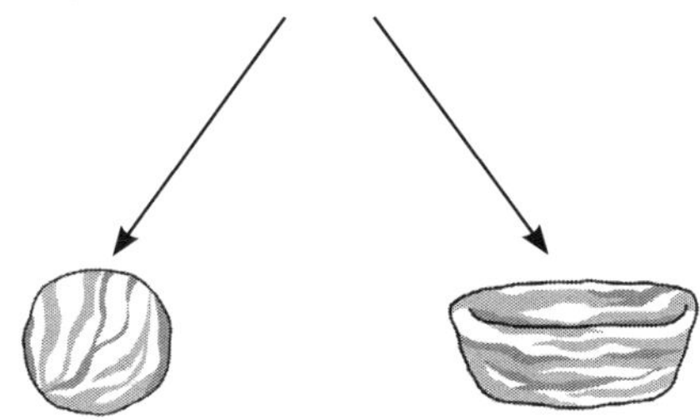

zwei gleich große Stücke Alufolie

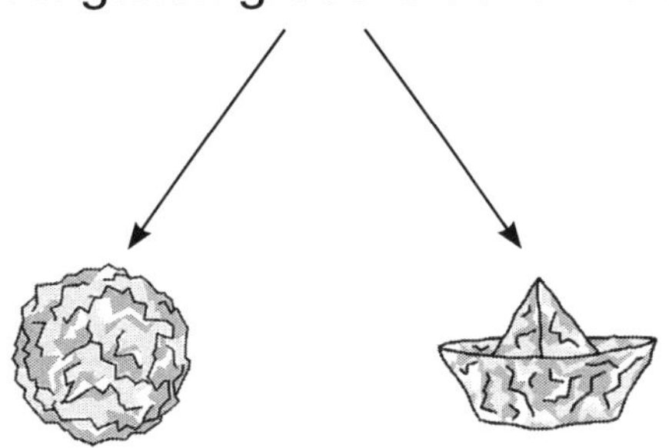

Was passiert, wenn du beide Kugeln (Knete und Alufolie) ins Wasser wirfst? Vermute zuerst und probiere es dann aus. Kreuze in der Tabelle an.

	Ich vermute:		Ich beobachte:	
	schwimmt	sinkt	schwimmt	sinkt
Kugel aus Knete				
Kugel aus Alufolie				

Was passiert, wenn du das Kneteboot und das Aluschiff ins Wasser setzt? Vermute zuerst und probiere es dann aus. Kreuze in der Tabelle an.

	Ich vermute:		Ich beobachte:	
	schwimmt	sinkt	schwimmt	sinkt
Kneteboot				
Aluschiff				

Was stellst du fest? Besprich das Ergebnis der beiden Versuche mit einem Partner.

Name: ______________________

Zu viel geladen?

Was benötigst du für den Versuch, der im Buch auf Seite 68 steht? Kreuze die richtigen Dinge an.

- ☐ Holzboot
- ☐ Kneteschale
- ☐ Glas mit Wasser
- ☐ Stoppuhr
- ☐ Büroklammern
- ☐ Aluboot
- ☐ Brotdose aus Plastik
- ☐ Münzen
- ☐ Becken mit Wasser
- ☐ Murmeln
- ☐ Steine
- ☐ Rührschüssel aus Metall
- ☐ Hammer
- ☐ Papierschiffchen

Wie funktioniert das Experiment? Schreibe eine Versuchsanleitung in sechs Schritten. Verwende die Ich-Perspektive.

1. ______________________________

2. ______________________________

3. ______________________________

4. ______________________________

5. ______________________________

6. ______________________________

Führt das Experiment in der Gruppe durch. Was beobachtet ihr?

Name:

lesen schreiben **sprechen** Spracharbeit forschen rätseln

Theo und Magnus

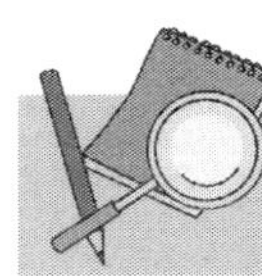

Welche Sätze sind richtig? Kreuze an.

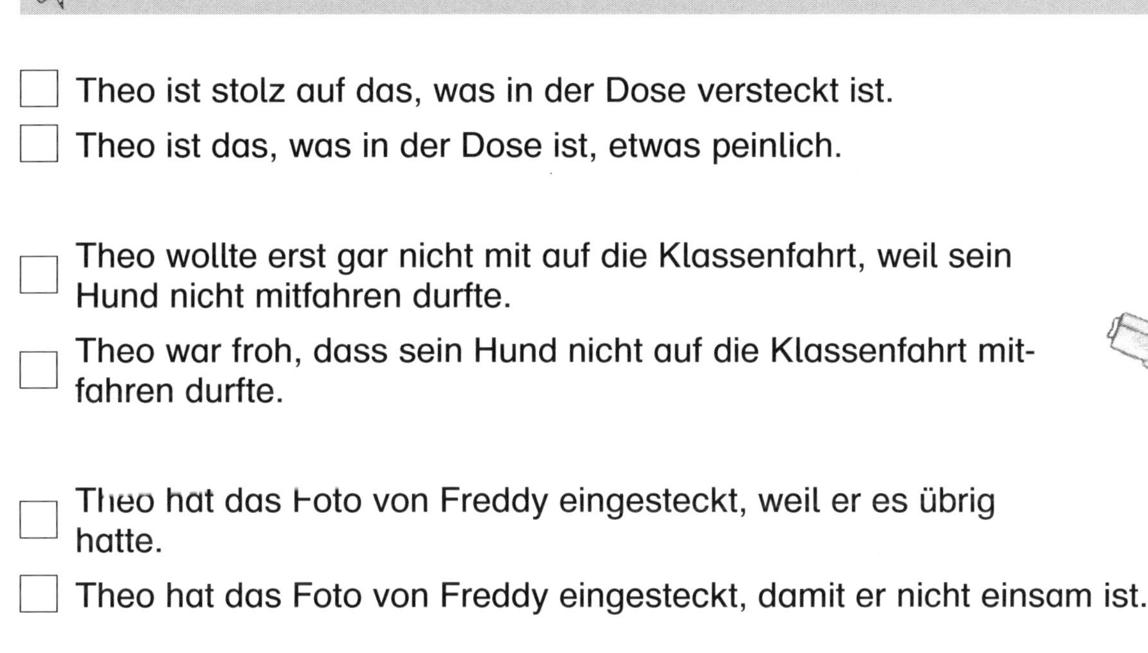

☐ Theo ist stolz auf das, was in der Dose versteckt ist.

☐ Theo ist das, was in der Dose ist, etwas peinlich.

☐ Theo wollte erst gar nicht mit auf die Klassenfahrt, weil sein Hund nicht mitfahren durfte.

☐ Theo war froh, dass sein Hund nicht auf die Klassenfahrt mitfahren durfte.

☐ Theo hat das Foto von Freddy eingesteckt, weil er es übrig hatte.

☐ Theo hat das Foto von Freddy eingesteckt, damit er nicht einsam ist.

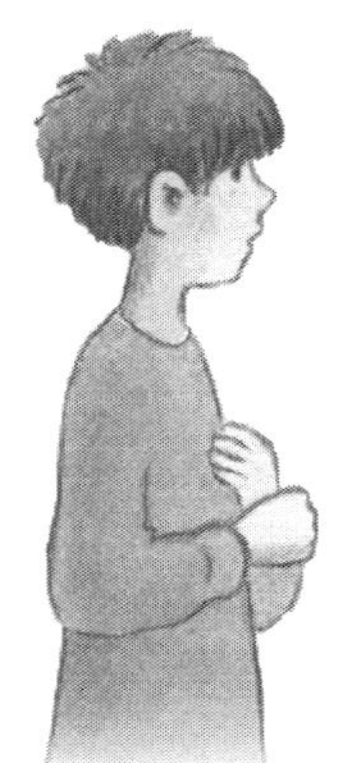

☐ Magnus hat einen knallroten Kopf.

☐ Magnus stehen die Haare zu Berge.

☐ Magnus wollte auch einmal so eine Dose mit Klappverschlüssen haben.

☐ Magnus war eifersüchtig auf Theo und seinen Schatz.

☐ Magnus ist gern der Mittelpunkt der Klasse.

☐ Magnus ist meist eher schüchtern und unauffällig.

☐ Magnus hat die Dose weggeworfen, damit man ihn nicht für einen Dieb hält.

☐ Magnus hat die Dose weggeworfen, weil er sie Theo nicht zurückgeben wollte.

Magnus entschuldigt sich bei Theo. Dieser nimmt die Entschuldigung an. Spielt die Szene zu zweit nach.

Name:

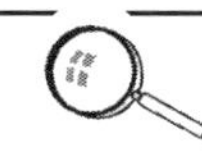

lesen schreiben sprechen Spracharbeit forschen **rätseln**

Weißt du Bescheid?

Hast du das Buch aufmerksam gelesen? Löse das Kreuzworträtsel und finde das Lösungswort.

1. Was besuchen die Kinder am ersten Tag gleich nach der Ankunft? Einen …
2. Bei welcher Aktivität gibt es als Preis Schokotaler?
3. Was vermisst Paul? Ein …
4. Wo bekommen die Kinder in der Stadt eine Führung? Im alten …
5. Was kann Murat nicht finden? Sein …
6. Was vermisst Theo? Seine …
7. Was liebt Niko über alles?
8. Wohin führt die Wanderung? Zu einer …
9. Wie heißt Theos Hund?
10. Wer hat die Brotdose in den Bach geworfen?

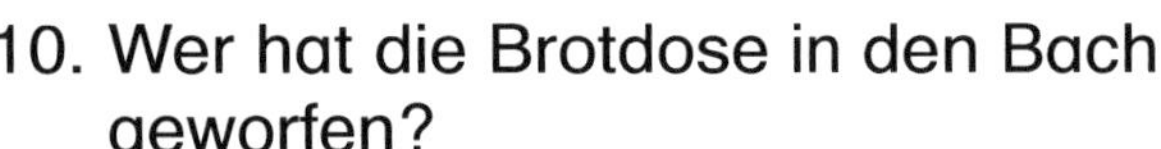

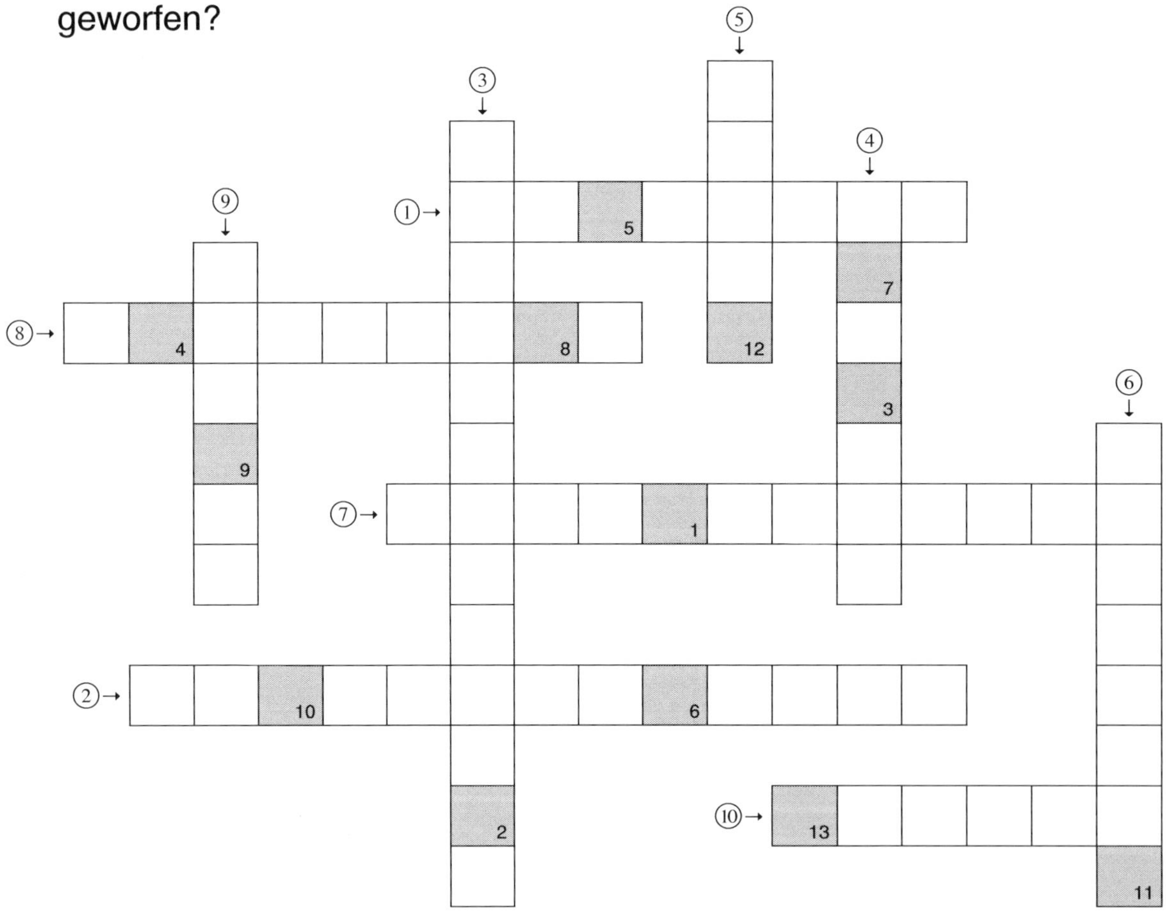

Lösungswort:

1	2	3	4	5	6	7	8	9	10	11	12	13